順天府志卷之八目録

藝文

北京寺志彙刊

〔康熙〕順天府志　卷七八目錄　　六〇二

藝文

順天府志卷七八目錄

世文　古詩　奏疏　論辨　書牘　序記　詩頌贊傳　雜記

藝文類小言

日薄星迴，天道以明。負圖出書，地道以靈。一畫開蘊，載籍錯陳。文隨世變，亦因地徵。偉哉幽冀，川岳毓英。朝華夕秀，代有傳珍。標琦擅美，各本智能。巍焕天子，崇道右文。鎔鑄經史，笙簧典墳。雲蒸霞燦，濟濟彬彬。林泉歌咏，金石蜚聲。尚俟博搜，益顯文明。志藝文類。

御製〔注一〕

皇清

世祖章皇帝祭明諸陵文

維順治十六年，歲次己亥十一月戊午朔，越十有七日甲戌，皇帝致祭於明成祖文皇帝、仁宗昭皇帝、宣宗章皇帝、英宗睿皇帝、憲宗純皇帝、孝宗敬皇帝、武宗毅皇帝、世宗肅皇帝、穆宗莊皇帝、光宗禎皇帝、熹宗哲皇帝。諸帝丕承鴻運，撫有寰區，莅政理民，爲一代主。朕巡幸畿輔，道經昌平，瞻陵寢之在兹，景流風而興感，特以牲帛醴齊庶品之儀，用申祭享，尚其歆格。

世祖章皇帝祭明崇禎帝文

維順治十六年，歲次己亥十一月戊午，朔，越

〔注一〕御製詩文部分內容原本置於卷八目録之前，現調整置於此。

十七日甲戌，皇帝致祭於明莊烈愍皇帝，曰：惟帝英姿莅政，志切安民，十有七年，勵精靡懈。詎意寇亂國亡，身殉社稷。向使時際承平，足稱令主。祇以襲敝政之餘，逢陽九之運，雖才具有爲，而命移莫挽。聯恒思及，憫惜良深。今因巡幸畿輔，道經昌平，陵寢在焉，顧瞻增感，特以牲帛醴齊庶品之儀，用申祭享，尚其歆格。

世祖章皇帝諭修明崇禎帝陵詔

朕惟膺圖永祚，統紹百王，而創業宏模，情殷勝國，歷觀史册興亡之迹，考其治亂得失之由，僉以政荒，遂干天譴。邦國既隳，士民罔懷。維有明莊烈愍皇帝，實治理之究圖，惜贊襄之莫逮，以致寇氛犯闕，宗廟爲墟。追念喪師，匪因失德。朕每念及此，未嘗不惻焉傷心也。頃者，兩幸昌平，周視明代陵隧，躬親盥奠，俯仰徘徊，以彼諸陵規制，咸壯麗相因，獨愍帝之陵，荒凉庳隘，典物未昭。原彼當年孜孜求治，宵旰不遑，祇以有君無臣，薄海鼎沸，洎乎國步傾危，身殉社稷，揆諸正終之例，豈同亡國之君。朕於凭吊之餘，撫往興悲，不禁流涕。因欲繕治陵寢，丹堊几楹，慰

靈爽於九京，彰异數於奕祀。乃核少府金錢，悉皆小民正供，儻增工徒之費，殊乖賦式之經。然終不忍聽其闕略，用是布告方州，開導悃忱，交相輸助，聿新碧甃，以肅松楸。爾等溯厥源流，夙沐前朝之澤；凡兹臣庶，寧無故主之思。矧愍帝之終，异於往葉；而勸忠之感，當有同心。或列籍薦紳，或齒登編户，恩沾累世，德濊高曾。勿以革故爲嫌，咸致事亡之誼，各隨心力，共佐經營。在内所捐，貯諸工部，至各省直地方，輸之有司，彙解工部。猶慮經費浩繁，紓以歲月，計貲罔缺，

工役乃興。繚以周垣，崇其寢殿。奢靡不尚，雖少遜厥諸陵；鳩庀獨新，庶無曠乎儀制。所在奉行，毋滋擾害，克成斯舉，式副朕心。

世祖章皇帝諭工部敕

諭工部：前代陵寢，神靈所栖，理應嚴爲防獲。朕巡幸畿輔，道經昌平，見明朝諸陵寢，殿宇墻垣傾圮殊甚，近陵樹木多被砍伐。向來守護未周，殊不合理。爾部郎將殘毁諸處盡行修葺，見存樹木永禁樵采，添設陵户，令其小心看守。責令昌平道官，不時嚴加巡察。爾部仍酌量，每年

北京圖志彙刊　【康熙】順天府志　卷六八　六○五

或一次、二次差官察閱，勿致疏虞。特諭。

世祖章皇帝御製金太祖世宗陵碑文

朕惟自古膺圖受籙，咸有大功德於天下。其没也，弓劍之藏，後世重焉。匪特陰陽之所景貺，實亦遐邇之所繹思。故世代雖遥，崇禮不替。若聲教被於當年，園寢湮於异世，非所以昭德追遠也。朕撫有九有，於前代陵墓未嘗不惓惓於心，申飾所在，守獲惟謹。惟金朝之陵在房山者，前我師克取遼東，故明惑於形家之説，疑於本朝王氣相關，遂劚斷其地脉。又己巳歲，我太宗文皇

帝統師入關，念金朝先德，遣王貝勒大臣諸陵致祭，明復加摧毁，且建立關廟爲厭勝之術。不達天命之有歸，而謬委靈於風水，移灾於林木，何其誕也。金朝垂祚百有餘年，英主哲辟，實光史册，乃异代之後，兆域荒圮，祀典缺廢。撫今追昔，慨焉興嘆。金太祖、世宗已經享祀帝王廟，其陵寢，命地方官虔供春秋外，兹特諭禮臣專官省視，修其頹毁，俾規制如初，并令有司時祭無斁。嗚呼！廟貌既崇，特景仰於往哲；封壤重焕，用昭示於來兹。爰勒貞珉，以垂不朽云爾。

北京晋恭莊府〔萧鹏〕順天府志 卷七八 六○六

世祖章皇帝御製《表忠録》序

自古賢臣正士效力王家，率授命致身，捐生赴義，迹其所遭若無厚幸。然而時過論定，聲稱振揚，及於代遠，風遥流徽彌茂，留連曩迹，如遘其人。是以孟軻有言：奮乎百世之上，百世之下聞者莫不興起也。夫當其矢心靖獻，奮不顧軀，豈逆睹後人美嘆靡窮哉。獨以浩然之氣，成特立之操，内無懼心，外無慚德而已。顧竭志盡忠者，人臣之誼；善善惡惡者，大道之公。循省往哲，愛結於中，誠有不能自已者也。朕萬幾之

暇，由繹載籍，每覽忠孝節義之事，未嘗不反覆三致意焉。至《明史》嘉靖年間有直臣楊繼盛者，以諫死，於戲賢哉！觀其劾仇鸞、嚴嵩二疏，凛凛乎烈丈夫矣。夫尊爵厚禄，握權當軸者，何可勝道。然當時則榮，没則已焉，甚或遺穢蒙嗤，爲世昭鑒，去繼盛奚翅霄壤哉。使繼盛獲遇明主，庸其言，顯其身，其所建竪，必有卓然可觀者，而竟不得志而殁，與龍逄、比干先後合轍，亦可悲矣。朕讀其文，傷其意，慨然想見其爲人，故特表而出之，以旌其忠鯁，垂法將來，由斯以觀，即謂

繼盛至今存可也。

世祖章皇帝御製楊繼盛論

朕觀有明二百七十餘年，忠諫之臣往往而有，至於不畏彊御，披膈犯顏，則無如楊繼盛。而被禍慘烈，殺身成仁者，亦無如繼盛云。當是時，其君端拱修玄，委政輔弼，而逆臣嚴嵩父子盜執大柄，濁亂王家，威福擅专，紀綱蕩廢。在廷之臣皆洪涊阿諛，奔走承頤。繼盛獨能伸大義，聲其十罪，更彰其五奸，使隱然昭明，稔惡暴白，豈非獨行不懼者哉。夫繼盛特曹郎耳，非有貴戚之誼，股肱之任，與拾遺、補闕之責也，以疏遠之臣，惡權寵之奸，遂思執白簡而彈去之，其勢不敵，夫人知之矣。乃毅然不顧。且繼盛一官，又非未經摧折者，方仇鸞主互市議時，衆皆頫首縮頸，塞默不敢异，繼盛排群説，力言不可，致權臣包烋刑之瀕死，謫官遐方，歷尉令始得至一曹郎。令他者處此，且保軀固位未遑，安敢復蹈前迹。而繼盛歷事未月，又有舍身圖報之章。蓋念君恩難負，奸輔難容，建言寧計崇卑，報國不憂生死，洵忘身殉君，忘家殉國者也。且是時嚴嵩與仇鸞隙，思

繼盛言，遂欲立貴之以爲己用，故數假王命，内示其私。繼盛倘一委蛇，可立取通顯，不則緘口屏息；循職自效，亦何所不容。而乃重公室，藐權門，慷慨叫閽，從容就義，有臣如此，良國之砥柱哉。蓋繼盛自有生後，夙罹閔凶，難苦備至，故堅貞之性，百折勿回，可謂「富貴不能淫，貧賤不能移，威武不能屈」者矣。嗟乎，繼盛值諱言之朝，無立言之責，尚能不畏彊御，披膈犯顏如此，今之爲臣者，乃身任言職，直節罔聞，感私德而辜主恩，畏權威而忘國事，以視繼盛，能不愧然汗下哉。朕故咏浩氣丹心之句，不勝三嘆，爲直臣惜也。順治十三年，歲次丙申仲春朔日頒行内院。

世祖章皇帝諭祭明内監王承恩文

朕嘗考諸史册，見夫忠臣烈士，身殉國難，名炳千載，未嘗不掩卷三嘆也。雖忠義之性命之於天，人人可以自盡，然變亂之際，利害動於中，禍患怵於外，依違瞻顧，多不能引決。求夫風雨不渝其常，霜雪不易其操者，蓋難之矣。若夫掖庭之中，貂珥之列，或恪共著美，或勤慎流徽，若漢之吕强，唐之張承業，亦可謂賢矣。至於國家多

難，秉志不移，忠誠貫於金石，氣節昭於日星，尤足以激末流而挽頽俗也。如明司禮監太監王承恩者，有可紀焉。當明季寇訌，海内鼎沸，莊烈愍皇帝勵精圖治，宵旰焦心，原非失德之主，良由有君無臣，孤立於上，將帥擁兵而不戰，文吏噂沓而營私，以致群寇縱横，不能奏績。逮逆渠犯闕，國勢莫支，帝遂捐生，以殉社稷。而一時戴紱垂纓之士，在平時則背公樹黨，遇難則苟且偷生，言之可爲太息。惟有范景文等十九人，無愧臣節，業賜謚致祭，以旌其忠。然多士盈廷，能赴義捐軀者，蓋不多見。獨承恩目擊艱危，從容就義，從死愍帝之旁，其岳岳之風節，即古之忠臣烈士，何以加焉。既乃托體山阿，瘞骸林麓，永近園陵，嘗依隧道，可謂式慰幽靈，用綏貞魄者矣。朕自踐祚以來，斟酌前代之典章，洎夫有明，恒深嘉嘆。其列代山陵，近在畿輔，向令永禁樵采，守護維嚴。於順治十六年，因東狩，駐蹕昌平，睹勝國之松楸，感廢丘之霜露，諸陵周覽，心惻久之。爰至思陵，念愍皇帝精勤遘亂，亡國非辜，躬奠椒漿，尤增惻泣。顧見陵側有土一坏，即承恩墓也，特命

從臣酹酒焉。邇者當省歛之時，展軨宵駕，載履明諸陵，拜陳酹醴。復徘徊於思陵之所，撫荒墟而灑泣，瀝旨酒而痛心。念茲從死之臣，彌興節義之感，手一卮，令大臣拜奠其墓，以勸忠也。謚義，危身奉上，險不辭難。曰忠，故忠君愛國，庸人每未之逮。貞烈之士毅然行之，使百世之下，聞而興起者，慕誼無窮也。矧承恩趍侍宮掖，出入禁闈，其責任不繫乎封疆，名位不同乎公輔，而獨能視死如歸，豈非皎然不欺其志者哉。以視世之讀書明大義、負重名者，變故當前，依阿淟涊，幸免旦夕，其爲人賢不肖，又何如也。用是勒之貞珉，使盡忠者以爲勸，不忠者以爲戒，且以告天下萬世之爲人臣者。

世祖章皇帝御製明内監王承恩碑文

朕聞烈士徇名，賁志而歿；貞臣爲主，捐軀以從。自有明失馭，寇陷都城，懷宗皇帝敦國君死社稷之義，崩於石室，時有司禮監秉筆太監王承恩者，攀龍髯而失志，甘雉經以從君，陪縊於旁，死而猶跽。嗚呼！若承恩可謂事君有禮，不忘其忠者矣。夫人臣事上無二厥心，爲其易者與

爲其難者，途徑若分，理道則一。人臣之懷有二心者，幸圖苟免，甘心事讐，乃在平日侈讀詩書，高擁爵位之人，無論生無以爲人，死無以爲鬼，對若人，其亦何地置足耶。朕殲除臣憝，用彰民彝。既禮葬懷宗皇帝於思陵，因賜承恩塋域一區，俾葬兆外，以從厥志，仍錫之香火田地，堅之穹石，使後世知艱危之際，内員中乃尚有忠烈而死如承恩者。

順治十七年九月初六日立

御製金太祖世宗陵碑文

朕惟自古膺圖受籙，咸有大功德於天下，其没也，弓劍之藏，後世重焉。匪特陰陽之所景貺，實亦遐邇之所繹思。故時代雖遥，崇禮不替。若聲教被於當年，園寢湮於异世，非所以昭德追遠也。朕撫有九有，於前代陵墓未嘗不惓惓於心，申敕所在，守護惟謹。惟金朝之陵在房山者，前我師克取遼東，故明惑於形家之説，疑與清朝王氣相關，天啓元年，罷金陵祭祀。二年，拆毁山陵，劚斷地脉。三年，又建關廟於其地，爲厭勝之術。從來國運之興衰，關乎主德之善否，上天降

鑒，惟德是與，有德者昌，無德者亡，於山陵風水原無關涉。有明末造，政亂國危，天命已去，其時之君臣昏庸迷謬，罔知政圖，不思修德勤民，挽回天意，乃輕信虚誕之言，移咎於异代陵寢，肆行摧毁。迨其後流寇猖獗，人心離叛，國祚以傾，既與風水無涉，而前此之厭勝、摧毁，又何救於亂亡乎？古之聖王，掩骼埋胔，澤及枯骨，而有明君臣乃毁前代帝王山陵，其舛謬實足貽譏千古矣。夫金朝垂祚百有餘年，英君哲辟，實光史册。天聰三年，太宗文皇帝統師入關，知金太祖、世宗二帝陵寢在兹，追念鴻烈，特遣王貝勒大臣詣陵致祭，蓋我太宗文皇帝訏謨偉略，度越前王，乘輿所至，威德布昭，表遺徽而欽往哲，誠非常之盛事也。洎世祖章皇帝定鼎中原，隨享金太祖、世宗於歷代帝王廟，復命地方官春秋致祭陵寢，又諭禮臣專官省視，修其頽毁，俾規制如初。朕纘承丕緒，緬溯前徽，特命所司虔申禋祀，以昭繼述闡揚之意。嗚呼！廟貌既崇，特景仰于往哲；封壤重焕，用昭示於來兹。爰勒貞珉，以垂不朽云爾。

康熙二年九月初一日立

御製賜直隸巡撫于成龍詩

秉性惇樸，廉介夙聞，朕心喜賴，俾典節鉞，保釐畿輔，惟能激濁揚清，始終如一，清潔之操，白首彌厲，真國家之可重，人所不能也。茲來陛見，爰賜以詩，用示敦勵之義，且以風有位焉。

自昔崇廉治，勤思吏道澄。郊圻王化始，鎖鑰重臣膺。政績聞留犢，風期素飲冰。勗哉貞晚節，褒命日欽承。

冊文〔注一〕

金世宗大房山冊文

古之建邦設都，必有名山大川以爲形勝。我國既定鼎於燕，西顧郊圻，巍然大房，秀拔混厚，雲雨之所出，萬民之所瞻，祖宗陵寢於是焉依。仰惟嶽鎮，古有秩叙，皆載祀典。矧茲大房，禮可缺歟。其爵號、服章，列於侯伯之上，庶足以稱。今遣某官某備物，冊命神爲保陵公，申敕有司，歲時奉祀。其封域之内，禁勿得樵采、弋獵，著爲令。

古誥

〔注一〕「冊文」，原本無，據卷八目録補。

召誥

惟二月既望，越六日乙未，王朝步自周，則至於豐。惟太保先周公相宅，越若來三月，惟丙午朏。越三日戊申，太保朝至於洛，卜宅。厥既得卜，則經營。越三日庚戌，太保乃以庶殷攻位於洛汭。越五日甲寅，位成。若翼日乙卯，周公朝至於洛，則達觀於新邑營。越三日丁巳，用牲於郊，牛二。越翼日戊午，乃社於新邑，牛一、羊一、豕一。越七日甲子，周公乃朝用書，命庶殷侯、甸、男、邦伯。厥既命殷庶，庶殷丕作。太保乃以庶邦冢君出取幣，乃復入，錫周公。曰：拜手稽首，旅王若公。誥告庶殷，越自乃御事。嗚呼！皇天上帝，改厥元子，茲大國殷之命。惟王受命，無疆惟休，亦無疆惟恤。嗚呼！曷其奈何弗敬？天既遐終大邦殷之命，茲殷多先哲王在天，越厥後王後民，茲服厥命。厥終智藏瘝在。夫知保抱携持厥婦子，以哀籲天，徂厥亡，出執。嗚呼！天亦哀於四方民，其眷命用懋。王其疾敬德！相古先民有夏，天迪從子保，面稽天若，今時既墜厥命。今相有殷，天迪格保，面稽天若，今

時既墜厥命。今沖子嗣，則無遺壽耇。曰其稽我古人之德，矧曰其有能稽謀自天？嗚呼！有王雖小，元子哉。其丕能誠於小民，今休。王不敢後用，顧畏於民碞。王來紹上帝，自服於土中。且曰：其作大邑，其自時配皇天，毖祀於上下，其自時中乂。王厥有成命治民。今休。王先服殷御事，比介於我有周御事，節性惟日其邁。王敬作所，不可不敬德。我不可不監於有夏，亦不可不監於有殷。我不敢知曰，有夏服天命，惟有曆年。我不敢知曰，不其延，惟不敬厥德，乃早墜

厥命。我不敢知曰，有殷受天命，惟有曆年。我不敢知曰，不其延。惟不敬厥德，乃早墜厥命。今王嗣受厥命，我亦惟茲二國命，嗣若功。王乃初服。嗚呼！若生子，罔不在厥初生，自貽哲命。今天其命哲，命吉凶，命曆年。知今我初服，宅新邑。肆惟王其疾敬德。王其德之用，祈天永命。其惟王勿以小民淫用非彝，亦敢殄戮用乂民，若有功，其惟王位在德元。小民乃惟刑用於天下，越王顯。上下勤恤，其曰，我受天命，丕若有夏曆年，式勿替有殷曆年。欲王以小民受天永

〔注一〕「永」字其他諸本皆爲「末」字。

命。拜手稽首，曰：予小臣，敢以王之讎民百君子，越友民，保受王威命明德。王永有成命，〔注一〕王亦顯。我非敢勤，惟恭奉幣，用供王能祈天永命。

奏疏

興舉學校疏

不忽木

《學記》曰：君子如欲化民成俗，其必由學乎？玉不琢不成器，人不學不知道。故古之王者建國君民，教學爲先。蓋自堯、舜、禹、湯、文、武之世，莫不有學，故其治隆於上，俗美於下，而爲後世所法。降至漢朝，亦建學校，詔諸生課試補官。魏道武帝起自北方，既定中原，增置生員三千，儒學以興。此歷代皆有學之證也。臣等今復取平南之君建置學校者，爲陛下陳之。晋武帝嘗平吴矣，始起國子學。隋文帝嘗滅陳矣，俾國子寺不隸太常。唐高祖嘗滅梁矣，詔諸州縣及鄉並令置學。及至太宗，數幸國學，增築學舍至千二百間，國學、太學、四門學亦增生員，其書、算各置博士，乃至高麗、百濟、新羅、高昌、吐蕃諸國酋長，亦遣子弟入學，國學之内至八千餘人。高

宗因之，遂令國子監領六學，一曰國子學，二曰太學，三曰四門學，四曰律學，五曰書學，六曰算學。各置生徒有差，皆承高祖之意也。然晉之平吴，得户五十二萬而已；隋之滅陳，郡縣五百而已；唐之滅梁，得户六十餘萬而已；而其崇重學校已如此。況我堂堂大國，奄有江嶺之地，計亡宋之户不下千萬，此陛下神功，自古未有，而非晉、隋、唐之敢比也。然學校之政尚未全舉，臣竊惜之。臣等嚮被聖恩，俾習儒學，欽惟聖意，豈不以諸邑人仕宦者常多，蒙古人仕宦者常少，而欲臣等曉識世務，以任陛下之使令乎。然以學制未定，朋從數少，譬猶責嘉禾於數苗，求良驥於數馬，臣等恐其不易得也。爲今之計，如欲人材衆多，通習漢法，必如古昔，遍立學校，然後可。

請勿斷付罪人妻妾與他人疏　孔思迪

人倫之中，夫婦爲重。比見内外大臣得罪就刑者，其妻妾即斷付他人，似與國朝旌表貞節之旨不侔，夫亡終制之令相反。況以失節之婦配有功之人，又與前賢所謂「娶失節者以配身是已失節」之義不同。今後凡負國之臣，籍没奴婢、財

宗因之，遂令國子監領六學，一曰國子學，二曰太學，三曰四門學，四曰律學，五曰書學，六曰算學。各置生徒有差，皆承高祖之意也。然晋之平吴，得户五十二萬而已；隋之滅陳，郡縣五百而已。唐之滅梁，得户六十餘萬而已；而其崇重學校已如此。况我堂堂大國，奄有江嶺之地，計亡宋之户不下千萬，此陛下神功，自古未有，而非晋、隋、唐之敢比也。然學校之政尚未全舉，臣竊惜之。臣等猶被聖恩，俾習儒學，欽惟聖意，豈不以諸邑人仕宦者常多，蒙古人仕宦者常少，而欲

臣等曉識世務，以任陛下之使令乎。然以學制未定，明從數少，譬猶責嘉禾於數苗，求良驥於數焉。臣等恐其不易得也。爲今之計，如欲人材衆多，通習漢法，必如古昔，遍立學校，然後可。

請勿斷付罪人妻妾與他人疏

孔思迪

人倫之中，夫婦爲重。比見内外大臣得罪就刑者，其妻妾即斷付他人，似與國朝旌表貞節之旨不侔，夫夫亡終制之令相反。况以失節之婦配有功之人，又與前賢所謂「一娶失節者以配身是已失節」之義不同。今後凡負國之臣，籍沒奴婢、財

產，不必罪其妻子，當與刑者，則孥戮之，不必斷付他人。庶使婦人均得守節，請著爲令。

請開經筵祀闕里疏

郝傑

奏爲真人應運，率土歸心，謹進芻言，宏開泰治事。竊惟天下生久，治亂相因，民之憔悴，莫此爲甚惟帝誕聖，作我元后，寶籙初登，龍顏粹穆，雲物呈祥，童耆向舞，其賀太平之有日矣。乃皇上所纂者五帝三王之統，所體者五帝三王之道，所治者五帝三王之臣民。從古帝王無不懋修君德，首重經筵，成王沖齡踐祚，周公聿勤師保。今

皇上神靈，凝命學問，正宜及時，請擇滿州博物賢士，與漢地端雅儒臣，日譯進《大學》、《典謨》數條，更擇精通「六書」之臣，日進字法一幅。至周末道微，孔子崛起，帝王心法，實賴不泯。漢唐以來，開天令主無不致祭設蒸，追崇不怠。今國家鼎興宜循舊典，遣祀闕里，示天下所宗。若夫易姓改元，郊天施赦，將詔書一下，扶杖來觀。然四海久困，幽隱難宣，宜命詳敏大臣，分道四出，躬閱閭閻，親問父老，務使民情上達，主德下究。若夫有一國者有一國之規模，有天下者有天

下之規模。今皇上爲天下共主，既四海一家，必紀綱定而後朝廷尊。如滿州貴人，宜辨章服、别儀從，使漢人望而起敬。即漢官大小，亦宜辨章服、别儀從，使滿人亦見而加禮。總之，簾遠地則堂高，威有等則主貴，蓋所言者，首開經筵，次祀闕里，問民疾苦，立國規模繼焉。於以養清明，綿有道，未必無小補也。

請四省積貯幫助京倉疏

林起龍

題爲速講京倉積貯，以弘久遠之圖事。臣惟「王制」曰：國無九年之蓄，曰不足。無六年之蓄，曰急。無三年之蓄，曰國非其國。從來第一要緊事，無過積貯矣。蓋天災流行，國家代有，惟先事經畫，未雨綢繆，補天道之缺，修人事之窮，則存恤有資，拯救有備，水旱不能爲灾矣。若講之無素，備之不早，一遇大水、大旱，天時無所恃，地利無所出，人力無所施，要賑濟則國用不敷，要蠲免則兵餉又缺，追呼不能少寛，征解必欲滿數，以致流離相屬，死亡載道，盜賊蜂起，疫癘蒸作。恐有意外之虞，難以消弭矣。我皇上德同堯舜，功高禹湯，受皇天之付托，爲萬民之父母，

四海若是其廣，兆庶若是其衆，地愈大則責愈重，人愈多則憂愈深。時和年豐，小民盡心竭力納糧辦餉，以供軍國之需，一遇災荒，窮鄉下邑，何地不望朝廷之救濟；鰥寡孤獨，何人不望朝廷之優恤。即以京師文武軍民數百萬生靈之性命，何一不望朝廷之給以爲存活。而京倉國家根本之地，無論九年、六年，試思曾有三年之蓄乎？痛言及此，可爲寒心。伏乞皇上敕下司國計諸臣，憂國如家，急公如私。何者當急，何者當緩，何者是處常之道，何者是禦變之方，何者是目前了事之局，何者是百世不拔之策。從長商量，合盤打算，設法抑損，加意撙節。或即從今年下手，必三年餘一年之粟，以實京倉。或於山東、河南、直隸、江南四省穀賤傷農之地，於正項錢糧減十分之三四，令民或麥或荳，或小米或高糧，納充正項。除臨清、德州二倉額設外，本地修蓋倉囤，隨時積貯。倘行至九年，内外餘三年之蓄，則無所施而不可矣。如遇江南災傷，下荒則本色可折，中荒則截留一半，上荒則全留賑濟。即將山東、河南所積雜糧運至京師，幫助京倉，充給俸餉，庶

每年不必專靠東南之運矣。如遇江北災傷，即動所積雜糧，下荒則出糶以賑之，中荒則貸種以助之，上荒則大傾倉廩以活之。南糧直達京師，無饑民作亂、運道梗塞之憂矣。如遇畿輔災傷，小荒内則俸糧盡行預支，外則徵比盡行停罷。大荒近則沿途建廠煮粥，遠則按地發銀賑濟。南北漕糧可以等至秋冬，無近渴遠汲之虞矣。總之，京倉有三年米，則南北可以通融，遠近可以接濟，内外可以騰那。不然，日過一日，年用一年，只顧近不顧遠，只狃常不達變，豐年沿河兑放，委之如泥沙；凶歲各自收藏，寶之如珠玉。蠲免自是朝廷之雨露。而計畝計分踏勘，經年累歲，無救於七日不食立死之萬姓，賑濟自是朝廷之恩澤。而一倍二倍，止給僧道、叫化，無濟於萬口嗷嗷待斃之赤子。豈非不講貯積，不能通融之故乎？

禮部覆疏

題爲請頒清字禁約，以肅學宫，以嚴廟貌，以崇文教事。儀制清吏司案呈奉本部送禮科抄出，該詹事府兼内翰林秘書院侍讀學士薛所藴奏前事内，稱竊照京師自國子監外，復設順天府學，文

廟兩廡，崇祀大成至聖先師孔子及孔門諸賢、歷代大儒，明倫堂群諸子衿而教育之，至隆重也。臣前任順天府府丞，職司學政，每朔望行香，春秋二祭，有事澤宮，見廟廡傾圮，堂齋頹廢，不蔽風雨，心竊傷之。乃同府尹臣閻印各捐俸薪，又率屬樂輸，委本府經歷孫學惠督工修理。本地鄉紳諸士聞而慕義，各捐資助工，自廟廡以至明倫堂、魁星樓、櫺星門、坊皆已改觀，惟是學宮左右居住滿州舊人，比屋連墻，私開便門，往來行走。及兒童、婦女任意作踐，有修葺未畢，而旋經拆毀者。臣屢禁止不能，乃移文禮部，請給清字告示。部臣謂未奉聖旨，不敢擅發。今工將告竣，而臣蒙聖恩升受今官，若不請旨禁約，將前工虛費，是臣未了之心，亦盡之職也。曠溺滋懼謹具疏上請，伏乞皇上敕發清字告示，刑布學前，嚴禁拆毀，凡私開便門，盡令堵塞，庶廟貌有嚴，學宮閟伷，而文學因之優崇無斁矣。等因具奏，順治九年八月二十三日，奉聖旨，着嚴行禁飭該部，知道，欽此。欽遵抄出到部送司，奉此相應出示嚴禁，案呈到部，擬合就行，爲此示仰順天府學附近左右居住

滿漢人等知悉，遵照聖旨内事理，即將私開便門盡行堵塞，不許仍前拆毁作踐。如有不遵者，許看廟人役不時鎖拿解部，定行參送刑部，治罪不貸。須至告示者。

請禁約疏

王登聯

題爲都學文廟傾圮，紳衿蠲資修葺，伏請敕部清理基址，以崇聖教，以垂久遠事。竊惟順天府學爲首善教化之地，設有文廟，崇奉聖賢，歷年久遠，日即傾圮。曾經前任順天府府丞薛所藴酌行修理，題請清字禁約，奉有着嚴行禁飭該部知道之旨。不意數經雨水，遂爾傾壞不堪。臣每詣學瞻禮，目擊心傷，思行修葺，錢糧無措。今據本府闔學生員具呈到臣，願捐資修葺，内稱墻垣俱無，廡門全毁，廟廡左右，多被隣兵旗下人等侵占基址，擅開門户，且無知人等拆毁攪擾，恣意作踐。雖有禁約，無所責成等因到臣，該臣看得學宫爲教化之源，文廟爲崇祀之地，今者，國學文廟蒙皇上特發帑金新經修理，巍焕之模，肅瞻天下。順天府學文廟自宜臣等設法修葺，以副皇上作崇聖教之至意。但估計工費不下萬金，今闔學諸生

并鄉紳舉貢勉力捐助，可得千金，臣與府尹臣捐俸助修，僅可整理廟貌。查據殿廡左右果被侵占，難以興工，伏乞勅部速與清理基址，學内所開門户責令堵塞，並責令本固山下該管官嚴加禁約，永不許拆毀作踐，則廟貌既肅其觀瞻，而聖教崇興於奕世。臣職掌所關，爲此冒瀆，伏乞睿鑒，敕部施行。

禮部覆疏

題爲府學傾頹已甚等事，儀制司案呈順天府府丞王登聯題前事，奉旨，該部議奏，欽此。該臣等議得京學爲四方觀瞻，所係士風文教之源，臣部向年雖經奉旨立榜嚴禁，着落人役，將拆毀作踐人不時巡拿在案，但學宫周圍皆旗下人居住，相應行該管都統責成牛録、章京分得撥什庫嚴諭學宫四圍居住人等，盡將私開門户堵塞，芻秣、牲口及兒童、婦女汲水作踐者，盡行嚴禁，如有故違及拆毀偷盗磚瓦、木料、器物者，鎖拿解部，送刑部治罪。如該管章京、撥什庫不行嚴緝巡拿，臣部查出或該府、該學舉報，並行參處。其查點器械，亦應改移别處，至學宫房屋地基經占住者，應

敕工部會同府尹、學政，立行清查退出。該順天府官員仍行倡率鳩工，筑墻立界，毋致再行溷擾。應禁事宜，臣部仍立清漢字木榜，嚴行禁止可也。

奉旨依議。

工部覆疏

題爲府學傾頽已甚，士紳捐資修葺，懇敕清查嚴飭，以垂久遠事。營繕司案呈禮部題覆順天府府丞、督學王登聯題前事，奉旨依議，欽此。該臣等議得學宮舊基，俱應清查退還。至學宮內房屋，雖係鑲黃旗分內房屋，學宮內不便仍留，相應將此住房拆卸那出，於本旗空地內自行蓋住。但係旗下分得房屋，其拆卸蓋造價銀，應臣部酌量給發可也。奉旨依議。

亟禁訪役疏　張國憲

題爲亟禁訪役，以釐前弊，以正職掌事。臣聞官各有守，棼則滋擾。明朝錦衣之設，初以備儀衛，重警蹕而已。嗣後日近左右，漸竊事权，巧秘入告，小信結主，天下臣民重足而立。蓋此輩半出棍徒，巧於揑造，或誘人妄首，引之成詞。或窺人厚藏，詐之使賄。或以無爲有，私拷示威。

或以是爲非，飽囊賣法。勢之凶橫，如虎如狼。計之羅織，如鬼如蜮。迄今言及廠衛，猶有悚然驚，喟然嘆者。幸我皇上洞見前弊，易錦衣爲鑾儀。仰見聖睿淵徽，令此輩顧名思義，洗滌肺腸，盡其職掌，無復逞故智也。乃臣等辦事科中，聞有緝事員役在内院門首訪察賜畫。夫賜畫特典也，内院重地也，有何弊端，容其緝訪。内院有可訪，則在外有司何所不至哉。此而不禁，弊將更甚前朝矣。况今各衙門滿漢同堂，精白一心，凡有舉動，中外咸見，又何用此輩緝訪，無非欲因循爲之，漸復舊習而已。伏乞皇上嚴敕該衙門，令執事員役各盡鑾儀職掌，無復侵預别事。如有大奸巨惡、悖紀犯法者，專責應治有司，庶小人不得逞其奸，有裨聖政，非淺鮮矣。

簡法寬刑疏

張國憲

題爲簡法寬刑，以重臣體，以蘇民命事。臣聞帝王之德，莫大於好生，政莫重於刑罰。我皇上誅殘除暴，凡所以敦崇百官，安養百姓者，靡不至已。邇見諸臣時下廷獄，小民動遭法羅，在今日初定之律，固當森嚴；在皇上清問之仁，未有

不哀痛矜恤者也。臣聞士自一命以及三公，皆有社稷、人民之寄，自不與輿厮皂卒者比。今以徵愆小過輒付法司質對，是輿厮皂卒所不輕身往者，士大夫往往受之。雖素乏節概之人，亦必愧耻，倘少知禮義，則惟思擔爵食禄，其何以副社稷、人民之寄乎。臣願自今群臣有事迹參發者，先付吏部處分，果情真罪著，移送法司。使天下知陛下馭臣之法與民不同，臣所謂重臣體者，此也。至小民隱匿，滿洲科臣、道臣屢奉嚴旨，臣不敢復贅，但其間有無知犯法者，初未嘗謀及妻子，又未嘗謀及街隣，一入法網，即行抄没，即行連坐。臣考往制，抄没處夫大逆，連坐起於秦時。陛下德如堯舜，行將刑期無刑，安忍見此殘喘遺黎，老少不分，室家莫保，顛連載道，嗟嘆滿途乎。臣願自今不必隱匿一條，凡事犯法，確審情真，罪坐本犯。其一應諸法，概從寬厚，使天下曉然於陛下之惠，無异於初服。臣所謂蘇民命者，此也。中外臣民望陛下行此久矣，伏乞皇上毅然施行，則臣體重而朝廷益尊，民命蘇而國祚愈久矣。

條分刑律六款疏

劉餘祐

題爲聖心圖治維殷，法守最宜畫一，敢效芻蕘，以佐平允事。臣辦事部中，接得吏部咨爲捧出上傳事，臣恭繹絲綸，深以合天心、順人情爲惓惓，此堯舜執中之心也。臣在刑言刑，其因革損益，亦有久概於中者。竊讀《大清律例》，原以折衷成憲，爰定諸條，其輕重俱酌情事之宜，立爲一定之法。近多狃於舊例，而不顧律之合否，似非立法不移之義。敢條分六款上請，倘臣言不謬，伏乞聖鑒，飭正施行，斯亦俯順人情，仰合天心之一端也。

一、律設五刑，如斬、絞雖同一死，畢竟兩刑有別。今凡應死者，雖犯絞，亦一概論斬，則失之過重，應照律分別處決。

一、流、徒之律各設有等，流則地分遠近，徒則限分年月，凡應流者，除隱匿東人應提到部類發外，其餘流罪，今俱加解部二字。徒者，鞭責之外，竟放不充，則輕重兩失之矣。切思流者，以罪不至死，故量定三等，且里數亦就本處之地論也。今如一概解部而後流徒，則遠省跋涉，押解多至數千里，其不死於道路饑寒者寡矣。查律文，原

無解部字樣，應行改正。徒亦照律僉發，限滿申放，庶無枉縱。

一、人命抵償，即約法三章，亦云殺人者死。查五年七月有傳諭，偶相互歐誤傷至死者，姑責四十板，賠一人夫。誤傷原有本律，然注亦云至死并絞。今若以賠人作抵命，是開凶人以玩法之端，而死冤不雪矣。應仍照律定擬，庶人知畏法而不敢縱惡也。

一、强盜應斬固矣。查律無籍没字樣，且身甘爲盜，安有厚家？常見籍來不過破缸、破碗數

件，然遵行籍没之時，稽查有無，擾鄉里，及起送押運，反費地方脚價，擾累實多。即問有妻子，語云「罪人不孥」，豈得增纍於律例之外。今除强盜正法外，其妻子、家產如屬旗下者，聽本主查收，屬有司者，應免籍没。

一、隱匿逃人，窩主減死，流徙關外，已荷不殺之恩矣。但有問明應流之人，必須提取妻子、盤費，不得不行監候。又有妻、產已到，而户部以人數零星，必積多起，始押發一次。其病死獄底者，時時有之。今應敕户部，凡經審明者，陸續押

發，亦可半徵生全也。即隱匿之家，亦有知情可憐者，父母之於其子，與子之於父母，離亂重逢，天性難割，與常人有心隱匿者不同，應查果係親女親子者，伏乞聖恩量與分別，懲責無知。其常人隱匿及非的親父母者，仍照例發遣。

一、外州縣投充之人賢愚萬狀，一人投而舉家全藉其勢，奸民群肆，地方何安。查得八年七月初一日，奉上傳爲投充漢人生事害民事，敕户部刑示曉諭，投充犯法，與屬民一體究治。欽遵在案，今復奉旨有司，不許稽禁滿人，則凡自稱滿人者，地方官真正莫辨，何以措手足哉。今除真正旗下舊人，犯事即送部審，不許監禁，致妨農業外。如投充之人，借勢生奸，仍違前旨，一體究治。審虛加等，庶地方有司猶敢爲朝廷持法守也。

請杜告首詩文疏

郝惟訥

題爲請杜首告詩文之大害事。竊以邪説亂法，悖詞犯分，此盛世所不容，王章所不宥也。往有送書之案，因其刊刻書史，譏訕朝廷，蔑上無等，罪在不赦，自應寘之重典。乃有一種無賴之

徒，借端傾害，地方光棍，乘機詐索，或摘拾一二字句，或牽引舊日詩文，甚且以自己之私作假他人之姓名，轉相謀陷者，亦復不少。如近日光棍沈天福等告訐吴元萊一事，幸蒙天慈洞照，依罪正罪，遠近之人聞之共快，庶幾奸民妄控，從此可少戢矣。臣等以爲，欲絶刁誣之風，宜蕩滌積習，咸與維新。伏乞皇上特焕綸音，通行直省，曉諭或有家藏書文干犯忌諱，及收藏别家違禁書文者，許文到之後，各將原書赴地方官出首，驗明，即將書文焚燒，原板劈毁，該地方官明白存案，以防异日告訐之弊。若文到以後，家藏犯禁詩文不肯出首，及隱藏他人書册，希圖告訐，或此後另刻犯禁詩文者，异日發覺，仍以違法坐罪。如此庶愚賤不敢妄爲，而閭閻亦得安枕矣。

請杜賣身挾詐疏

郝惟訥

題爲請杜賣身挾詐之大害事。自投充旗下，久有嚴禁，其民間有資身無策，自鬻求生者，聽其賣入旗下，此亦兩便之道。近日多有無賴之徒，一入旗下，便指稱妻子在某家寄居，旧地、財物在某處坐落，或本人私自回籍，或主人代爲控告。

及至原籍，借端詐害，經地方官申解到部，臣等審實，俱照例發落在案。竊思既係賣身，必爲孑然無依之人，若有妻子，自當與妻子同賣，尚有田産、財物，斷未有留有餘之家私而自賣其身者。既以賣身入旗，又不時往來原籍，招摇生事，及指稱人口、器物，索取不已，明係無端挾詐。伏乞皇上嚴敕，自今著爲定例。一應賣身入旗者，不許回籍行走，如有妻子，既就賣身之時，於文契内分晰明確，不許含糊，以滋混冒。田産、衣物不準陸續告提，如有私自回籍者，令地方官拿解督捕，除隣佑人等免坐外，仍將本犯以逃人治罪。或有挾詐實迹，照例嚴加處分。其主子亦治以通同故縱之罪。如此，則擾害少清，而民生少安矣。倘蒙睿鑒俞允，以便遵奉施行。

條陳圈地疏

郝惟訥

題爲遵奉上諭事。臣等仰奉綸音，着將拯救生民疾苦切實裨益之處陳奏。查直隸八府，連年水旱灾荒，百姓流離，蒙皇上遣官賑濟，蠲免錢糧，百姓稍有更生。惟圈取地户一事，於順治四年奉有上諭，自今以後，民間田屋，再不撥取，永

爲禁革。又順治十年奉旨，以後仍遵前旨，再不許圈取民間房地，欽遵在案。邇年以來，有因旗下退出荒地，復行圈補者。有自省下及那管處來的壯丁，又行圈撥者。有各旗退出荒地，召民耕種，或半年或一二年，青苗成熟，遇有撥補復行圈去者。有因圈補之時，將接壤未圈民地，取齊圈去者。以致百姓失業，窮困逃散，且不敢視爲恒産，多致荒廢。而旗下退出荒地，復圈取民間熟地，更虧國賦。今臣等酌議，滿洲百姓均係朝廷之民，且大圈地户久已圈定，屢奉上諭，禁止圈取，自應永遠遵行。查張家口、殺虎口、喜峰口、古北口、獨石口、山海關等口外，既有可居空閑之地，自御内以至王貝勒官員披甲有情願各將壯丁分内地畝退回，圈取口外空閑之地耕種者，各該衙門都統、副都統印文咨送臣部，按丁丈給，將此退出之地，收存撥給自省下那管處所來壯丁。圈取民地，永行停止。庶百姓得所，不致流離矣。

小民遷徙最艱疏

魏象樞

題爲小民遷徙最艱，聖恩垂念，已至仰體皇仁，敬陳管見，以固國本事。臣聞太平之世，以百

姓樂業爲第一事。我皇上因輦轂之下，滿漢雜處，盜賊難稽，特諭商民人等，盡徙南城。復蒙軫念遷移之苦，限以來歲，至寬也。勞以搬銀，至厚也。原房任民拆賣，至便也。民即至愚，無不仰感皇恩之浩蕩。但南城塊土，地狹人稠，今且以五城之民居之，賃買者苦於無房，拆蓋者苦於無地，嗟此窮民，一廛莫必，將寄妻孥於何處乎？臣愚謂：有地不患無房，如城外閑地堪民營蓋者甚多，因係官物，莫敢問之，此民之不苦於遷徙，而反苦於居處也。恭請敕下該部，盡察前三門外官地、官房可爲民居者，許令量地輸銀，給以印照，俾作永業。不得少有遺漏，亦不得擅行混佔，則片址尺地，皆成室家，億萬户栖止之謀，即千萬年根本之計也。抑臣更有請者，民間賃買房屋，爰有定價。近聞鬻房之家任意增加，高騰數倍。勢必至罄家所有，不足以卜數椽之栖，則遷者更多一苦矣。併祈天語申飭，令該管地方等官概平一價，凡買者、賣者、典者、賃者，各勿增減，共相保恤，庶比屋可封，國本永固矣。微臣職列工垣，聊獻葑菲，伏惟聖明采擇施行。奉聖旨，着

工部督同五城御史察南城官地，併民間無房空地，將遷徙官民好生安插。

請別逃人之地隣情罪疏

章雲鷺

題爲遵諭陳言事。竊惟逃人之法首重窩犯，而十家長、地方兩隣次之，故凡窩隱逃人，分給八旗窮丁爲奴，愚民無知，自罹法網，固其應得之罪。但伊輩以無知愚民，一旦離親戚，捐生産，入官爲奴，思鄉念切，勢必逃亡。一經逃亡，又有窩隱。及至緝獲之日，又多入官流徙之人，株連蔓引，生生不窮，逃人日多。職此之故，竊以爲禁止逃人，莫如流徙窩犯。以後審定窩犯，應停其分給旗下，概令流徙尚陽堡地方。窩犯既流徙，逃人必少，逃人少，則安民生之一端也。至於窩隱之罪，總由窩犯一人，其十家長、地方兩隣，皆係牽連無辜，而不肖官吏因之爲貨，有一窩犯，即將住址數里之内搜羅殷實者，概言收禁，飽慾而後縱之。是因一窩犯，而害及數家矣。既巡撫之核定，亦止據州縣之申報，解部之際，往往失真。竊以爲十家地方，有稽察逃人之責，念其罪次於窩犯，應流徙内地，定以年限，其兩隣或可懲責、釋

放，留爲朝廷納賦應役之人。如此，則不肖官吏不致借端害民，而民之失業者少，皇仁廣被於無疆矣。恭遇皇上求言之切，故敢不避忌諱，冒昧上陳，伏乞睿鑒施行。

請煮粥展期疏

高爾位

題爲賑期須得二麥，曠典尤懇展期，以培元元，以救貧乏事。竊惟我皇上親政以來，厚澤溥施，深恩廣布，普天率土，無不舉首加額，頌堯年而歌舜日，祝萬祀於靡際也。臣於本月二十八日捧讀聖諭，前督撫奏别災荒，酌量蠲免，特命户、

禮、兵、工四部，發銀拾陸萬，更荷昭聖慈壽恭簡皇太后發宫中節省器皿銀肆萬兩，皇上仍發御前銀肆萬，差滿、漢大臣分付賑濟，臣跪讀之餘，仰見聖恩體恤民生至矣、極矣。第年來旱澇交加，民生日艱，内外遠近，大非往昔。蒙俞允五城煮粥賑濟，自十一月初一日爲始，本年三月中爲止，煌煌天語，欽遵在案。去冬蒙皇太后發内帑銀兩救濟在京貧黎，三冬以來，存活饑民不知幾許。臣奉命巡視南城之時，每赴粥廠，見饑民日增一日，詢其根因，皆云近畿小民聞聖恩溥施，交相匍

匐而至，目今街市三五成群，咸稱煮期已滿，度命無謀，惟有俛首待斃而已。嗟嗟！臣思此青黄不接之時，賣妻鬻子，一家二三口，頃刻東西，父不能顧其子，夫不能保其妻，臣不勝徬徨。夫輦轂之地尚然如此，其他省更可知矣。伏祈聖鑒酌議，敕部五城煮粥或展期一月，少待二麥登成，民可望久存其命。臣更有請者，粥廠食粥生員亦不乏其人，第泮宫儲才之地，備皇上异日用人之需，尚有此嗷嗷之狀，統祈敕下各省學臣，查師生空缺銀兩，分别次貧、極貧，量行賑濟，庶民生、學校兩有賴矣。

貢院禁止搶奪疏

高爾位

題爲搶奪宜禁，並參造册舛錯官員，以隆大典事。切照三載賓興，朝廷取士之巨典，士子濟濟千里跋涉，匍匐而至，十五日三場事竣，忽有多士齊至至公堂口，云「場外搶奪，不敢出場，討役護送」等語。臣以爲輦轂之地，咫尺天威，焉有不法之徒，輒敢公然無忌横行於白晝乎！少頃，場外喧聲，乃廣平府曲周縣生員王澤遠、滄州生員戴王綱也，帽毡、筆硯等物盡被搶去。該日，外

巡坊官不知所司何事，臣不能爲之寛也。又如造點名册内，固安縣應試生員張鷗翊，竟落一「翊」字，昌平衛應試生員姚銘吉，「銘」字錯「鍩」字，遼學應試生員郭一鵬，「鵬」字錯「鶚」。又有懷安衛應試生員張振璜、王象陽，張福胤、趙夢卜、閻允遲、趙伊六名，有卷而點册竟無其名。士子望闈泣涕而歸。察造册者，乃順天府推官羅霈也。棘闈何等大典，豈容疏玩若此，相應題參，伏祈敕部議處，以爲將來之戒。臣更有請者，來春會試之期，天下舉子皆入春闈，如臨場仍前搶奪，頭、二場失其筆硯，入場將何以爲文乎？臣以爲，如考場係某旗下地方，凡遇鄉會場，責成本旗察街之官巡緝嚴拿，庶此弊可以永杜矣。臣奉命監試，身親目睹，應否可行，統祈睿鑒施行，謹題請旨。順治十四年九月初二日題，本月初七日奉旨該部察議具奏。

請滿漢均沾鄉飲疏

高爾位

題爲鄉飲酒禮滿漢均沾，以廣皇恩，以敦教化事。竊照鄉飲酒禮，朝廷敬老尊賢之大典，蓋民知敬老，然後不悖於孝弟。民知尚德，然後日

趨於忠信。自古迄今，甚盛典也。臣跪讀上諭，諄諄以教化爲首務，仰見我皇上化民成俗之至意，遠軼前代矣。第鄉飲一節，臣府每歲舉行兩次，照例將漢人中年高有德者選擇，敦請恪遵無异。臣思入旗下滿洲、蒙古、漢軍，其中豈無年高有德，堪爲賓介者，似宜並示優崇，以照獎勸。伏乞皇上敕下部議，鄉飲酒禮定例，滿漢一禮舉行，則大典光而禮制備矣。臣職司督學，謬抒一得，伏乞睿鑒施行，謹題請旨。康熙九年十一月初三日題，本月十四日奉旨，這本説的是，着議奏該部知道。